ELOGE
DU
MENSONGE
DEDIÉ
A TOUT LE MONDE.

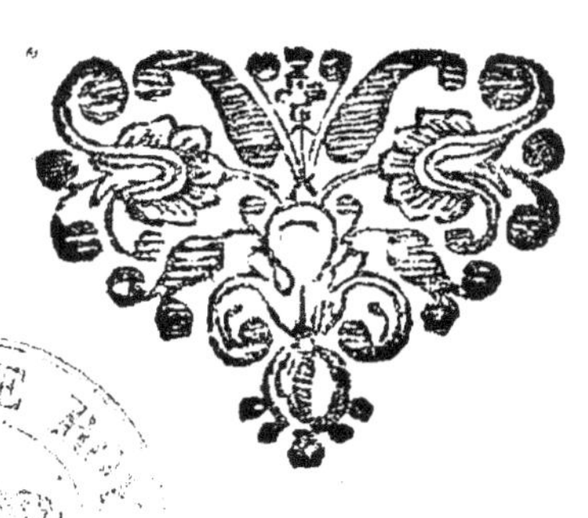

A PARIS,
Chez PIERRE MORISSET,
ruë S. Jacques, au Cœur Bon.

M. DCC. XXX.
Avec Approbat. & Permission.

EPISTRE

DEDICATOIRE

A

TOUT LE MONDE.

AI pris la liberté de dédier ce petit Ouvrage à tout le Monde, parce qu'il est convenable de dédier à un chacun ce qui lui est propre. C'est pourquoi le Mensonge étant propre à un chacun, je dédie son

* iij

EPISTRE.

Eloge à tout le monde. Je crois qu'on ne se choquera point de ce que j'approprie le Mensonge à tout le monde. Je n'ai donc point tort de dédier cet Ouvrage à tout le monde : un Auteur a dédié l'Eloge de rien à personne : cette Dédicace convient très-fort. L'Eloge de quelques choses à quelqu'un est très-convenable aussi. On doit rendre la même justice à l'Eloge du Mensonge que je dédie à tout le monde. J'ai composé cet Ouvrage afin qu'un chacun se consolât du Mensonge qui se

EPISTRE.

trouve, soit en ses paro-
les, soit en ses actions.
On ne doit point effecti-
vement se faire de peine
d'avoir en soi ce sur quoi
les plus beaux Arts sont
établis, & les plus belles
pensées sont fondées. Or
sur le Mensonge sont éta-
blis les plus beaux Arts ;
par exemple, la Poësie,
l'Eloquence. Un Poëte
qui loüe quelqu'un sur un
service, peut-il dire la
verité ? Point du tout ;
la flatterie s'en mêle, &
ses plus belles pensées sont
les plus mensongeres, &
j'ai raison de dire que la

EPISTRE.

Poësie est établie sur le Mensonge, puisque la Poësie la plus belle dépend de la fabuleuse antiquité, & des noms illustres des Divinités chimeriques. En fait d'Eloquence, tous nos Orateurs cederont à Ciceron. Cependant ce Ciceron a semé dans tous ses plus beaux Discours des plus outrez Mensonges. Ne vous choquez donc point, s'il vous plaît, de ma Dédicace, & recevez avec plaisir l'Ouvrage de

Votre très-humble serviteur
Gui-Mathurin D***

PREFACE.

CET Ouvrage est tout different des autres. J'entreprens de loüer le Mensonge ; mais pour le loüer, je fais voir que tout le monde y est sujet. Je le prouve exprès par quantité d'exemples, de discours, de pensées, d'oraisons les plus belles qui en sont semées, parce que prouvant une fois qu'un chacun est su-

jet au Menſonge, per-
ſonne ne le blâmera. Je
fais voir que le Menſon-
ge ſe trouve dans les
plus belles choſes, afin
de le faire eſtimer. Heu-
reux ſi le Public con-
noiſſant le mérite du
Menſonge, le loüoit,
le faiſoit regner en tout,
l'eſtimoit ; c'eſt le fruit
que j'eſpere retirer de
mon travail.

APPROBATION.

JE souffigné Maître ès Arts en l'Université de Paris : Ai lû par ordre de M. le Lieutenant Géneral de Police, un Manuscrit intitulé, *Eloge du Menfonge dédié à tout le monde*, dont on peut permettre l'Impreffion. A Paris ce 12 Septembre 1730.

PASSART.

PERMISSION.

VEU l'Approbation. Permis d'imprimer le 12 Septembre 1730. HERAULT.

Regiſtré ſur le Livre de la Communauté des Libraires & Imprimeurs de Paris, Nº 1978. conformément aux Reglemens, & notamment à l'Arreſt de la Cour du Parlement du 3 Décembre 1705. A Paris le dix-neuf Septembre mil ſept cent trente.

P. A. LE MERCIER, Syndic.

ELOGE

ELOGE

DU

MENSONGE.

JE prouverai affez
le mérite du Men-
fonge, fi je puis faire
voir que le Menfonge
une fois banni il n'y a
plus guéres de politeffe
& d'honnêteté dans le
monde. Or le Menfon-
ge une fois banni il n'y

A

a plus guéres de poli-
teſſe dans le monde. Je
le prouve. La politeſſe
conſiſte en certains com-
plimens , gracieuſeté ,
loüanges. Or nous ne
pouvons preſque loüer,
complimenter perſon-
ne ſans Menſonge, puiſ-
que très-peu de perſon-
nes en ſont dignes. Ce-
pendant nous ne pou-
vons nous diſpenſer de
complimenter , loüer
ceux avec qui nous vou-
lons avoir liaiſon. Nous
ne pouvons preſque le
faire ſans mentir ; donc

que le Menfonge eft ne-
ceffaire pour la focieté.
D'un autre côté, quand
nous n'avons point de
mérite perfonnel, nous
ne nous faifons aimer
que par les complimens.
Nous ne pouvons don-
ner guéres de loüanges
à perfonne fans mentir;
donc que le Menfonge
eft caufe de l'amour
qu'on a pour nous. Or
tout ce qui caufe de l'a-
mour eft lui-même ai-
mable, puifque la caufe
d'une bonne chofe eft
elle-même bonne ; le

Menfonge nous concilie l'amour, je l'ai prouvé; doncque le Menfonge eft aimable.

En effet, toutes les plus belles penfées, ces faillies brillantes qui nous font admirer l'efprit de leur Auteur, ne font fondées que fur des Menfonges; car les plus fleuries & les plus brillantes penfées ne font qu'Ironie, Métaphore, Hyperboles. Or ces plus belles Figures de l'Oraifon ne font-elles pas dans le fond des

Menſonges , dont les Diſcours les plus polis ſont parſemés ?

D'ailleurs , une des définitions du Menſonge eſt, dire autre choſe que l'on penſe ; par cette dé-finition, on peut con-noître que la politique, ce grand Art mis en uſage par les plus reſpe-ctables Perſonnages , n'eſt que par Menſonge. Cependant nos Sei-gneurs s'en ſervent, & s'en ſervent avec beau-coup d'avantage, & tant d'intrigues & d'affaires

utiles à l'Etat, n'auroient
jamais été à leur fin pro-
posée, si l'on n'eût fait
joüer le Mensonge, res-
sort de la Politique. Personne ne s'est encore
avisé de blâmer cette
politique & cette ma-
niere fardée si en usage
depuis tant d'années ;
au contraire, on la loüe,
on l'estime , on la trou-
ve avantageuse ; qu'on
estime donc le Menson-
ge qui en fait le fond.
Les plus illustres Da-
mes du Royaume sça-
vent l'usage du fard :

cependant l'ufage de ces Peintures n'eft que pour faire croire qu'on a la beauté, dont on manque véritablement : ce qui n'eft autre chofe que Menfonge. Les Paniers qui fervent à rendre les jupes évafées, & qui font, je ne dis pas connus, mais portez par des perfonnes dont je n'ofe nommer la condition, de peur qu'elle ne foüille l'Eloge du Menfonge que j'ai entrepris, ces Paniers, dis-je, qui ne font

que pour donner un a-
grément , une bonne
grace , en un mot un je
ne fçai quoi dont on fe
trouve véritablement
privé , ne font-ils point
de purs Menfonges ? Ce-
pendant il faut qu'on
blâme les Paniers fi on
veut blâmer le Menfon-
ge , ce que perfonne du
beau fexe ne fera ; d'où
il faut qu'elles con-
cluënt avec moi que le
Menfonge eft aimable.
Ciceron au fecond Li-
vre de l'Orateur , dit
que foit que le Difcours

soit vrai, soit qu'il soit faux, il doit être semé de Mensonge. Je n'ai que faire de recommander l'autorité de Cice-ron, son nom seul ne permet aucun examen après son Jugement. Un Discours même, sans Mensonge, ne conci-lie guéres l'attention, n'excite point à rire, pa-roît froid. L'Oraison pour Marcellus que Ci-ceron fit, n'est-elle point un chef-d'œuvre, ce-pendant elle n'est qu'un perpetuel Mensonge.

Tous les entretiens, les moindres converſations de Tibere n'étoient que Menſonges. L'autorité de ſi grands Hommes nous doit faire eſtimer le Menſonge. L'Æneïde de Virgile ſi admirable, & aſſurément eſtimé de tout le monde, n'eſt qu'un Menſonge poli & cadencé ; car Virgile n'a compoſé cet Ouvrage que pour vanter l'origine d'Auguſte qui ſe diſoit deſcendu de Æné ; c'eſt pourquoi le Poëte feint qu'Æné deſ-

cendu dans les Enfers,
& voyant une ame ma-
jestueuse, Anchise son
pere lui dit, que cette
ame fera un jour Cesar-
Auguste, & qu'il des-
cendra de lui ; que sous
ce Prince les Arts, les
Sciences fleuriront, que
toute la Terre dans une
douce Paix joüira sous
ces Loix d'une heureuse
abondance. Virgile dans
le fond pensoit-il que
César étoit fils de ce
Prince Troyen, & que le
regne d'Auguste pût fai-
re venir le siécle d'or ?

Point du tout , le fond
de son Poëme est donc
Mensonge , il n'est ad-
miré principalement à
cause des pensées , les
pensées ne font que
Mensonge ; donc que le
Mensonge est admiré &
estimé. Ce magnifique
Discours que fit un des
Ambassadeurs du Sou-
dan d'Egypte, pour dé-
tourner Godefroy du
Siége de Jerusalem , est
estimé de tout le mon-
de : cependant cette
Oraison ne lui dit rien,
sinon qu'il ne peut rien

ajoûter à la réputation
de ſes armes, qu'il peut
faire de nouvelles con-
quêtes, mais qu'il eſ-
pere en vain d'acquerir
une nouvelle gloire.
L'Ambaſſadeur ne pen-
ſoit pas aſſurément que
Godefroy ne pût rien
ajoûter à ſa gloire ; car
eût-il vaincu cent Vil-
les, ſa réputation ſeroit
plus grande s'il en eût
vaincu 200. & pour ne
pouvoir plus acquerir
une nouvelle gloire, il
faudroit qu'il fut au plus
haut point de la perfe-

étion humaine où il n'é-
toit pas , ou qu'il eût
vaincu le monde entier;
ce que Godefroy n'a-
voit pas fait , puisque
l'Ambassadeur même
lui dit, qu'il peut faire
de nouvelles Conquê-
tes. L'Ambassadeur par-
le donc contre sa pen-
sée , ce qui est pur Men-
songe. Le Discours d'O-
thon dans Tacite prêt à
mourir dans le mauvais
état de ses affaires , &
après une Bataille qui
devoit décider du sort
entier de l'Empire Ro-

main entre lui & Vitel-
lius , paroît à tout le
monde digne d'eſtime ,
quoique ce ſoit une
Oraſon très-artificieuſe
& politique ; car ce
Prince dit à ſes Soldats,
ma vie ne vaut pas que
vous hazardiez davan-
tage une vertu comme
la vôtre. Plus vous me
donnez lieu d'eſperer ſi
je voulois vivre , plus il
me fera beau de mou-
rir. Nous nous ſommes
aſſez éprouvé la fortu-
ne & moi , du reſte je
n'ai beſoin ni de ven-

geance ni de confola-
tion ; je veux que d'au-
tres ayent tenu l'Empi-
re plus long-temps , du
moins perfonne ne l'au-
ra quitté plus généreu-
fement. Othon difoit-il
vrai ? Croyoit-il que fa
vie ne vallut pas l'attention de fes Armées ? Ce
Prince étoit trop or-
güeilleux pour le pen-
fer. Quittoit-il l'Empire
volontiers ? lui qui n'a-
voit détrôné Galba que
par une ambition de-
mefurée.

Ce magnifique Difcours n'eſt donc fondé, comme on voit, que ſur le Menſonge. La penſée du Poëte Grec qui veut loüer Dercilis , qui n'a-voit pas moins de beau-té que d'eſprit , dit il y a quatre graces , deux Venus , & dix Muſes ; il ajoûte enſuite , Der-cilis eſt grace , Venus & Muſe.

Cette belle penſée du Poëte n'eſt pas aſſuré-ment ce qu'il penſoit : car eût-il jamais pû croi-re que Dercilis eut la même beauté dont Ve-

nus (selon les Poëtes)
étoit ornée, & qu'une
Muse ne surpasse point
en esprit Dercilis, &
qu'elle fut égale à une
grace. Nous connois-
sons Dercilis; & mal-
gré son esprit & sa beau-
té, ce seroit offenser
Venus que de faire un
tel parallele, les Muses
& les Graces s'en trou-
veroient aussi choquées.
La beauté de la pensée
n'est donc qu'un pur
Mensonge.

Quand Adherbal chas-
sez du Royaume de son

pere par Jugurtha , se
plaint au Sénat de la per-
fidie d'un si méchant
homme. Pensoit-il vraie-
ment ce qu'il disoit ? On
auroit beaucoup de pei-
ne à me le persuader ;
car il ne lui étoit pas dif-
cile de dire que s'il avoit
le Royaume que son pe-
re lui avoit laissé , il ne se
regarderoit que comme
n'ayant que la procura-
tion du Royaume , mais
que le Sénat en seroit le
souverain maître. Mais
si Jugurtha ne lui eût jamais usurpé le Royau-

me, auroit-il été hom-
me à se laisser gouver-
ner par des Etrangers
dont il étoit endépen-
dant? Point du tout. Son
Discours est estimé, &
on y admire les pensées
nobles qui en font l'or-
nement, & le fond de
ces pensées n'est que
Mensonge. De tout ce-
la, il s'ensuit que le Mensonge est plus admiré
dans le monde que l'on
ne croit, qu'on ne voit
guéres d'Ouvrages d'es-
prit sans Mensonge en
les examinant severe-

ment. La conduite même de tous les hommes n'est que Menſonges ; car tel dans le monde est admiré & eſtimé, reçoit publiquement les applaudiſſemens de toute une Ville, d'une Province, d'un Etat entier, qui dans le fond du cœur eſt blâmé, haï ; & qui perdant l'eſtime du Prince dont il eſt favori, perdroit en même tems l'encens que tout un vaſte Etat lui proſtituë. Sejan perd la faveur de

Tibere : tout le monde à l'envie le couvre de blâme, injurie cet homme, qui un peu auparavant étoit adoré de tout le monde ; & celui-là même qui cent fois avoit fléchi le genoux devant lui, étoit celui qui protestoit ne l'avoir jamais aimé. Le Mensonge se trouve dans cette conduite des Romains, & approuvée de plus d'un Peuple. Qu'on ne blâme donc pas le Men-

onge qui en fait le fond,
ſans toutes les actions
les hommes regne le
Menſonge. Tel, par e-
xemple, a promis de ne
point aimer les richeſ-
ſes & les deſire toûjours.
Tel de ne point recher-
cher les honneurs , &
les ambitionne ſans ceſ-
ſe : le Menſonge ſelon
les preuves que j'en
viens de donner, eſt ad-
mis univerſellement de
tout le monde. Or ce
qui eſt admis de tout le
monde, ſelon un Axio-